Bensalem HIMMICH

Le livre des chutes et des élans

Bensalem HIMMICH

Le livre des chutes et des élans

Éditions Muse

Imprint
Any brand names and product names mentioned in this book are subject to trademark, brand or patent protection and are trademarks or registered trademarks of their respective holders. The use of brand names, product names, common names, trade names, product descriptions etc. even without a particular marking in this work is in no way to be construed to mean that such names may be regarded as unrestricted in respect of trademark and brand protection legislation and could thus be used by anyone.

Cover image: www.ingimage.com

Publisher:
Éditions Muse
is a trademark of
Dodo Books Indian Ocean Ltd., member of the OmniScriptum S.R.L Publishing group
str. A.Russo 15, of. 61, Chisinau-2068, Republic of Moldova Europe
Printed at: see last page
ISBN: 978-620-3-86682-7

Aux Miens

Panagiota, Batoul et Anis

Préface

Par Muriel AUGRY

Le livre des chutes et des élans stimule notre curiosité. Et ce ne sont pas les premières lignes de définition de la part même de l'auteur qui étanchent notre soif. Au contraire, l'explication ample et sinueuse nous invite à la découverte.

Le livre de Bensalem Himmich a choisi de s'inscrire dans le mouvement à partir d'un mélange de genres et de figures de style, d'exploration du passé et d'affichage dans le devenir. Dès les premières phrases du recueil, il convient de laisser de coté nos certitudes et d'accepter la déambulation. *Le livre des chutes et des élans* n'est pas un ouvrage linéaire. Certes une table des matières ordonne consciencieusement les chapitres et propose des textes en introduction et en conclusion qui encadrent les « élans », mais leurs intitulés donnent le ton du recueil *« Textes pour commencer encore » et « Textes pour finir encore »*.

Le livre des chutes et des élans fait la place belle au « Je », mais ce moi omniprésent sait aussi se faire discret pour rendre hommage aux *"femmes méritantes"*. Il se dégage au fil des pages une amertume teintée d'un cynisme ravissant. Les mondanités lassent, les querelles sont stériles, l'Ami n'existe pas. Une solution : le repli sur soi-même qui n'est ni fuite, ni abattement, mais un positionnement autre. Le *Voyage autour de ma chambre* de Xavier de Maistre se dessine en filigrane.

Bensalem Himmich le philosophe s'accorde une pause ; il s'arroge le droit de tout créateur de méditer sur la destinée humaine, sur ses errements, ses égarements, ses douleurs. Le corps pèse, mais aussi le corps jouit. C'est ainsi que les élans du désir commencent par des parodies de l'amour comme *« Une belle hystérique »* et *« Sexy Slow »* pour aboutir à la glorification du désir dans *« Honneur aux méritantes »*.

Bensalem Himmich le désenchanté fait l'éloge du pessimisme actif. Mais faut-il véritablement le suivre ? Faut-il lire ses textes comme des « leçons de vie » ou plutôt ne retenir que le credo de la permanence de l'écriture et faire sienne l'une des maximes qui font que *« le rêve est l'engrais de l'existence ? »*

Une lecture en avant et à rebours permettra à chacun d'y trouver son sens : telle est la réussite de l'écrivain.

TEXTES

POUR COMMENCER ENCORE

-1-

Plus que le mouvement et la mobilité, qui peuvent être lents ou rapides, conditionnés ou volontaires, l'élan connote une intensité vitale, un dynamisme, une concentration et une dépense d'énergie, d'où les expressions : prendre son élan, bondir, s'élancer (se lancer) pour non seulement bouger et se mouvoir, mais aussi y mettre de l'affect, de la passion, du désir, comme c'est le cas dans l'amour, la compétition sportive ou autre, la résistance, l'indignation, le combat, la création, etc. Autant d'états dont les symptômes psychosomatiques sont, entre autres, l'effervescence, l'euphorie, l'émotion, la montée de l'adrénaline, l'ivresse poétique ou mystique …

Cependant, à l'image de la vie faite de hauts et de bas, d'heurs et de malheurs (en somme de cyclotimie), l'élan ne fait pas uniquement dans le positif et le propulsif, mais aussi dans le négatif et le régressif. Ainsi l'élan peut être dans le fait de reculer pour mieux sauter ou dans la posture de qui veut chuter, se défénestrer ou se noyer, en un mot mettre fin à sa vie.

Sommes-nous tous en état d'élan ? Oui, mais à des degrés divers en tant qu'êtres vivants. Même immobiles, nous le sommes en pensée, en imagination, en phantasmes et en rêves somniaques ou éveillés. Même déprimés et en perte d'élan, même ayant touché le fond, ne cherche-t-on pas, après des chutes et des rechutes, à remonter la pente et à rebondir. Donc seule la mort a le pouvoir de briser l'élan ainsi que le mouvement.

-2-

Epuisé suis-je. Non tel un livre ou un vieux produit, mais tel celui dont les ressorts d'espérance et d'énergie et même les chances de rebondir sont comme annihilés. Alors, pris dans des vagues huileuses d'un désintéressement chronique, je ne suis plus dans la recherche de moi-même et encore moins dans celle des autres.

Bien que moins vieux que j'ai parais, je m'interroge déjà sur le temps qui me reste à vivre. Sa finalité, son sens ou, en un mot, son à quoi bon ! Et à dire vrai, je n'y trouve rien. A moins d'égrener des heures et des veillées à prêter le flanc au faste, à la parade et à quelques mondanités et miroirs aux alouettes aussi distrayants qu'illusoires.

Tout ce que je viens de noter ne signifie point que je jette définitivement l'éponge ou que je reste à mariner dans le jus de mon désenchantement ; au contraire, je m'offre parfois à des moments de trêve où je piste d'autres possibles lénifiants dont j'attends un éventuel désaveuglement. Par conséquent, affaire classée, je ne le serai qu'avec l'annonce du seul événement qui peut, pour peu de temps, intéresser quelques gens : ma mort. Mais tant que celle-ci n'est pas encore là, et qu'à la vie je reste agrippé, même par un fil tenu, il m'est salutaire d'avoir une mémoire sélective et pourquoi pas la pensée ailleurs, afin de pouvoir, en quelque sorte, damer le pion à une société malade d'un fort taux de pollution mentale.

Et donc au seuil de ce texte, que mon rire soit des plus fous. Car plus un rire est fou, plus il est impur. Impur, c'est-à-dire intimement mêlé à ce que ses performances cherchent à taire : l’angoisse devant la vie.

L’angoisse, la vie : encore des mots !

Les mots aussi se prostituent et se galvaudent. Alors je m’autorise à caresser mes cercles et me prévaux de quelques joies passagères.

De plus en plus je me confine, m’alcoolise et fais flop.

De plus en plus ma langue se perd, je ne signe plus. Je chute. Je coule.

Au bout du compte, ma tête, qui n’en vaut certes pas une autre, sort vers vous encore embuée et amère, mais frappée d’un aphorisme ou d’un poème.

-3-

Comment transcrire cette fêlure inouïe et si tenace et béante que mes voyages, mes musiques, mes cuisines, mes roses et mes amours ne la voilent et ne l'embaument que faussement ? Est-il art plus ingénieux que celui de la simulation et de la dissimulation ?

Comment nommer cette incapacité accablante de profaner un centre et d'affranchir le désir de la vie de toute impureté du centre ? L'écriture est au cœur de cette interminable tâche.

Au plus fort de mes mots semblables à des bouffées en mal d'ascension, ma voix rauque et fervente clama en sus de mon ivresse tonifiante : Autant de raisons de vivre que de mourir, la contingence, quoi ! Je ressens et partage votre mal de vivre rongeur et tenace dont mon aphorisme et mon poème -hélas ! - ne sont que les échos lointains et fébriles.

-4-

En ces temps où tant d'affaires, même celles réputées célestes, se marchandisent, et où les courants technocratiques dévitalisent nos vécus et carbonisent nos pensées et nos rêves pour nous rendre à la cendre et à la terne pesanteur. La littérature se doit de déployer toutes ses prouesses et tout son sexe pour décrire les épreuves personnelles du milieu et indiquer – et suivre dans leurs atroces dédales – les pyramides d'injustice qui humilient les humains et les assomment. Elle se doit d'archiver les vertiges, les angoisses et les peines, de recueillir les images et les sons des violences et de l'oppression. Tâche par définition impossible à toute écriture qui se trame aux rives les plus lointaines de la question : homme, quel est ton tourment ?

Et même en enquêtant sur cette question, ladite tâche n'en demeure pas moins ardue. Cependant, il importe à l'écrivain de s'y atteler. Et sa vie entière n'aura de sens que dans les ébauches qu'il aurait faites de l'histoire générale ou parcellaire de l'effroi, de la haine, de la cruauté, et aussi de la lutte et de l'amour, car l'écrivain est de ceux qui luttent et aiment. Ebauches ou visites intérieures des ensembles, leur rétribution, et non la moindre, est dans le service qu'elles pourraient rendre à tel historien encore ou dorénavant soucieux des malheurs innommables et des plaies malignes.

Le reste qui est logomachie ne sera pas mon lot ni mon refuge. J'écris pour m'abréger et dire ma somme, fût-elle inachevée. Ma somme peut ne relever que de quelque désert indigent ou de quelque intériorité surannée. Mais si, par contre, elle vous enrôle et vous donne le fil rouge, si elle vous mêle à des limpidités nouvelles et à l'échange fécondant, c'est qu'elle vous regarde. Ecrire, sortir et suggérer le rassemblement des membres exigeants, c'est un seul et même geste, c'est le geste que je revendique et vous fais, frères.

ELANS EPARSES

Le temps démolit ce qu'on fait sans lui.

Sénèque

Aquí me quedo
Con palabras y pueblos y caminos
Que me esperan de nuevo, y que golpean
Con manos consteladas en mi puerta.

Pablo Neruda

L'INSTANT DE POESIE FIEVREUSE

-1-

Sur ce toit dominant la mer et le cimetière,
Il me sied d'installer ma pensée à haute altitude,
Pour devenir le corps de l'instant et de l'attitude,
Pour écrire par le son sur le sang,
Pour refuser l'émirat et le sort,
Et dire sur la présence,
La blessure
Et la mort
Des mots de poésie fiévreuse,
Accessibles un jour ou l'autre à tous les dormants.

-2-

Poète à mes heures perdues, s'exclama-t-il.

Il enchaîna en décrétant : Et comme toutes mes heures ou presque sont perdues, donc je suis poète à temps plein et pour de vrai. Qu'avez-vous à redire ?

-3-

Une forêt qui de tous ses éléments brûle, quel beau poème en grande ébullition ! quel tableau émouvant haut en couleurs ! Mais aussi, quelle calamité pour l'écosystème et l'environnement !

L'ALPHABET VITAL

Un déraciné, cavalier inconnu, voilé et la tête couverte d'un nuage, est venu des limites de l'absence nous entretenir, tel un prophète, sur les biens, les mots et les femmes :

« C'est, dit-il, l'alphabet vital, celui qui l'ignore s'égare ; celui qui l'apprend appartient aux terres de la naissance et aux enceintes de la joie. »

Après un moment de recueillement qui répandit sur les lieux et les âmes un silence apaisant et parlant, il poursuivit :

« Rendre l'âme !

« Est-il un athée qui, s'exclamant ainsi, s'est soucié un tant soit peu du nom de celui à qui son âme sera rendue ? Son destinataire en somme ! Si c'est la poussière ou le néant, alors maudite soit sa vie et sa fin … »

Quand il eut fini et disparut, nous tremblâmes, la neige tapissa la cour de la mosquée et son esplanade, et l'eau de la fontaine devint lumière.

LES ACTIONS DU CORPS

En quête de sa destinée, mon corps semi-mythique
Mêlé aux choses prochaines,
Pose la pierre inaugurale
De sa demeure natale,
Se pose entre deux courbes en flammes,
Ouvre la voie aux éléments des cataractes
Et du jour,
Et s'en va sur terre,
S'engageant dans la guerre
A tous les fossoyeurs de la liberté et de l'amour

PAR MON DROIT

Le soleil ne brille pas sur moi,
Car je suis une caverne aux arêtes acérées et un coin.
Je suis un coin sauvage en ruine et une cellule.
Je suis une cellule d'une prison monumentale
Et un secret fatal
Dans un miroir d'argile.

Le soleil ne brille pas sur moi,
Mais dans ma poitrine,
Je vois une lune
En quête de son mâle
Et d'un pays natal.
Je me vois saisir le dernier cordon,
Jeter pour les repêcher des poissons dans la rivière.
Je me vois frappant à toutes les portes et demander qui est là.

Le soleil ne brille pas sur moi.
Cependant, pour que je désespère de mon désarroi
Et rendre la chaleur à mon cœur et à mes parois,
Je visite mon pays intérieurement.
Et je reviendrai :
Par ton droit sacré à la vie et au refus,
Je reviendrai par la grande priorité à gauche
De tous les asiles, de tous les puits
Pour t'informer de ma très longue nuit

Et informer le temps long ou celui qui fuit.

Tends donc tes bras et enlace-moi.

Lève donc tes bras et soutiens-moi.

O MES VACANCES !

De mes vacances passées en montagne ou dans des vallées profondes, j'ai fait des récits aux peu d'amis qui me restaient. Certains m'écoutaient à peine ; d'autres me riaient au nez. Depuis, mes récits je me les raconte en catimini à moi-même.

Il ne manquait à mon tableau de chasse qu'un voyage au désert…

Ah le désert !

Mais empêché au seuil de mon congé annuel par des ennuis de santé, je me résolus à faire ce voyage à ma manière, depuis mon chez-moi. Après tout, l'imagination doit bien servir à quelque chose. Le grand Hallâj, à en croire un maître soufi, n'avait-il pas accompli son pèlerinage à la Mecque par voie fictive, sans quitter d'un pied son logis.

Pour ce qui me concerne, la tâche fut encore plus aisée, une sinécure, quoi ! Car, en vérité, nul besoin pour moi d'aller sillonner des espaces immensément sablonneux et monotones, courant des risques mortels, tels l'errance, l'insolation, la soif, les mirages, les morsures de scorpions ou de reptiles et les tempêtes de sable étourdissantes.

En fait, des parcelles de désert s'érigeaient d'ores et déjà en moi, et plus particulièrement dans ma propension presque innée à battre des records d'encellulement et d'esseulement. Records durant lesquels je réduisais mes moyens de survie au strict minimum, passais à la trappe les mondanités et la vie dite en société, effaçais toute trace pouvant conduire à mon gîte que je me plaisais à baptiser de diverses appellations concourant toutes à signifier "le pensoir", selon le mot de Nietzsche.

Au fil des jours qui finirent par perdre leur nom et leur date, je me défaussais lentement mais sûrement du poids de mon corps qui me pesait et me piégeait, ainsi que des salves et arguties du langage propres au monde du divertissement, si bien décris pas Pascal ou de l'anonymat et du "on" décrié par Heidegger.

A l'aube d'une journée particulière, je me trouvai comme au bord d'un précipice abyssal et insondable, dont la vue m'inoculait un vertige aigu que je n'arrivais à exorciser qu'en battant en retraite et cédant à un délire en boucle intense et tenace. Je pris alors des vessies pour des lanternes, des corbeaux pour des colombes et des cailloux pour des perles. Ma tête dégageait un défilé de visions insolites et insaisissables qui, telles des éphémérides, mouraient instantanément à l'approche de mon entendement, ne me léguant que quelques réminiscences évanescentes que reliait un fil ténu. Une d'elles : Je me faisais moustique venimeux sur les zones sensibles d'une renarde égarée, dont les yeux ressemblaient étrangement à ceux de mon ex-femme, encore en vie hélas ! ; je me mettais dans la posture de qui jetait son dévolu sur ce qui n'existe pas ou n'existera jamais.

Exceptée cette horrible journée particulière, sur mon balcon, chaque jour que Dieu faisait, je prenais des douches froides, suivies de bains de soleil. Et sous les lumières éparses que nul ne pourrait abîmer ni bâillonner, je cherchais pour mon compte à m'en approprier les vertus et les secrets, aidé en cela par les pensées des poètes illuminés et des grands sages éclairés.

Ainsi passèrent mes vacances d'été. Reprenant mon travail d'instituteur, mes collègues me trouvaient amaigri, mais diablement bronzé.

CONFESSIONS

-1-

Si je vous racontais ma vie, vous ne me croiriez point, tellement elle est pétrie de choses insolites et étranges ; alors, faute de mieux, je me la raconte à moi-même ma vie, en vue, peut-être, de l'écrire un jour dans un livre que vous ne lirez jamais. Quant à mes blagues, mes sarcasmes et mots d'esprit que souvent je débite aussi à moi-même, ils sont, comme tant d'autres stratagèmes, mon antidote pour ne pas choir, mon passe-temps et mon vent favorable. Bref, ils sont, telle ma compagne, mon assurance-vie.

-2-

Si donc parler et m'agiter me fatigue, il faut bien faire qu'autour de moi le silence soit constant et sidéral, mais affable et éloquent ; il faut bien que je m'incube, me faire force de maintien de la paix … avec moi-même et apprendre à dormir de tout mon saoul pour que, de temps à autre, je me réveille en sursaut en tonnant avec Aristote : « Oh amis ! il n'y a nul amis ».

-3-

A défaut de balles réelles, c'est à balles fictives que je m'essaie à tirer sur mes failles, mes limites, mes faiblesses et toutes autres figures de ma profonde imperfection. Les résultats, vous les devinez, sont presque nuls et lamentables. Au final, ma condition est pareille à celle de qui scie la branche sur laquelle il est assis ou veut chasser le brouillard avec un éventail. Et selon ce dernier proverbe nippon, nul n'est en mesure de le faire.

-4-

Et puis, en attendant que passent les intempéries et les marasmes, je fais souvent le gros dos. Mais –ô malheur ! - cela s'inscrivant dans une longue et pénible durée, je n'en sors que lessivé, flapi et le dos au mur.

Enfin, en disant à la vie un oui même franc et massif, selon l'injonction de Nietzsche, cela induit, en toute logique, que je dise à la mort un oui, même timide et forcé, puisqu'il ne sert à rien de lui dire non, et encore moins de faire appel ou de me pourvoir en cassation.

-5-

S'ennuyer ferme à ne rien faire. Se peut-il ? Oui, surtout pour ceux qui leur vie durant se sont épuisés à accomplir le même rituel ou à s'incruster dans quelque " pratico-inerte" ou bien, état plus chiantissime, ont vécu dans un ennui et une mésestime chronique d'eux-mêmes.

-6-

La vie, dit-on, est un passage d'un monde à l'autre ou bien encore du cri de la naissance au gémissement du trépas. Mais quoi qu'il en soit, une différence d'intensité et de qualité s'impose entre une vie comme passage à vide et à somme nulle et une vie pleine et qui en quelque sorte fait sens.

Comme choquée par mon euphorie emphatique, ma compagne s'exclama : « Et qu'est-ce qui donc fait sens ?! » Battant en retraite, je dus répéter mon dict, mais sur un ton nonchalant et en ré-mineur. Et puis, pour remettre du baume à mon cœur, je me repliai sur mon pré carré en quête d'un renouvellement d'énergie et de ferveur, que je ne pouvais puiser qu'auprès d'une autre femme entreprenante et flambant neuve.

-7-

Pour supporter le sentiment tragique de la vie, que d'euphémismes dois-je déployer et parfois monter de toutes pièces ! Que d'éloges dois-je faire à Ulysse et à Job ! Que d'efforts dois-je fournir pour me distraire ou avoir la tête ailleurs ! Ceci n'est pas une sinécure, mais un exercice pénible. Car, comme l'a si bien exprimé Henri Michaux : *« Qui apprenant que sa dent est poreuse mâcherait encore avec confiance ? Et c'était tout le corps, non une dent. »*

-8-

Dans le temps infini, nos vies, toutes proportions gardées, sont telles les fleurs et les éphémérides, mais avec une espérance de vie certes un peu moins brève et furtive. Et tout un chacun, à des degrés divers, en a conscience ; conscience claire ou obscure, meurtrie ou résignée, réflexive ou distraite. Mais à nous tous : bienvenue au marché des palliatifs et des expédients, du bricolage et de la débrouillardise.

NOUVELLES CONFESSIONS

-1-

Faire la nique à l'ennui, m'écriai-je !

Cependant, contre sa lourde emprise mes sorties en campagne finissent par tourner court, quand ce n'est pas au vinaigre.

-2-

Quand il m'arrive de me pencher sur mes bourdes et impairs, j'ai tantôt des hauts-le cœur, tantôt de gros vertiges. Alors je m'efforce à penser à autre chose, fusse à m'étourdir par des histoires corneculs, si non avec des énigmes, des oxymores, des sophismes, ou même des assertions oiseuses et illogiques, telle : Il n'y a pas de problème qu'une absence de solution ne peut résoudre, etc.

-3-

Sous un amas de cendres, couve le feu mal éteint de mes désirs et envies, qui à la vie me lient encore. Pour l'attiser, il m'arrive parfois de clamer sur mon balcon, à gorge déployée, des chants patriotiques ou même avec Aragon : « Le monde à bas, je le bâtis plus beau ».

-4-

Je me cache parfois, non en quête d'une vie heureuse, selon le conseil d'Epicure, mais juste pour comptabiliser mes pertes, mes ratages et mes coups tordus, et enfin pour lécher religieusement mes plaies et m'essayer à colmater mes brèches et à guetter quelque issue. Dans l'attente, je déferle sur moi - même- réclamant euphorisants et inspiration. Faute de quoi-ô- suprême misère ! je ne peux mettre bas que mes excréments, lancer invectives et injures et commettre des dépravations.

-5-

Les bonnes nouvelles se font rares,
Et rares aussi sont les propos ailés
Et les voluptés reptiles.
Reviendrai-je donc à mes asiles ?

En cet instant aride,
Où le désert augmente, nul mot doux ou sublime
Ne vient panser mes blessures.
Pourtant penser le vide

Est une autre aventure.
Pourtant la face est offerte à tous les vents
Et le désir habite la chair.

C'est ainsi qu'attendant la traversée de mes zèbres,
Je guette les signes avant-coureurs,
Et me détourne des choses funèbres.

En ces moments, au coin d’un feu pathétique,
Ma cantatrice chauve répétait, sur un ton charmeur.
Mes pertes prochaines et mes anciens chants épiques.

-6-

En moi que de boursouflures !
D’hymnes d’amour pour les demeures durables
Et les sables admirables !
O marcheur sur mes douleurs !
Je n’ai plus guère d’intérieur.
Car tel un terroir bienfaisant,
Mais refusé aux pauvres gens,
Tels des champs d’arbres bénis
Mais à tout le peuple interdit.
Cette terre que voici fuit ses habitants,
Les abandonnant aux dépeupleurs,
Aux fantômes sales du vent.
Ainsi, ô démolisseur des membres !
Sous ce ciel bas et des plus sombres,
N’ai-je point où m’abriter

Et sauver ma nudité.
Le soir ma détresse croît.
Accède à sa pleine maturité
S'empare du premier pseudo-sauveur
Et atteint grièvement son cœur.
J'attends l'autre sauveur, célèbre comme Poséidon,
Aux yeux profonds et au front d'airain,
Bataillant contre tous les affres du destin et les absurdes trépas.
J'attends que l'homme enfin
Mette le feu au passé qui ankylose sa mémoire et ne passe pas.

-7-

Je ne suis pas tout à fait sûr d'être en vie. Toute carte que je m'assigne est une carte de déroute. Le temps qui passe et me casse me contraint à m'amender, à effacer mes desseins et mes traces pour m'abroger à petit feu ou à me greffer sur des bulles et des lubies. Sachant que tout ce que je ressens et vis, tout ce que je peux en dire et écrire finira un jour ou l'autre par tomber dans un immense et insondable trou noir …

-8-

Plutôt mourir bien portant et fougueux, dit-il, que sur un lit à trainer, des années durant, une vie malade et désespérément médicamenteuse.

-9-

Ecroué pour participation à des jacqueries, je patrouillais jusqu'à épuisement dans ma cellule, clamant mon innocence au motif que l'objet de ces jacqueries, leurs causes et leurs finalités m'échappaient entièrement, et que je ne m'y étais fourvoyé que par désœuvrement.

-10-

En fin de compte, il ne me reste qu'à chevaucher mes phantasmes et désirs pour parvenir à en réaliser un certain nombre oniriquement, au gré des nuits et des sommeils. Réveillé, je fais encore mieux en les couchant noir sur blanc sur des cahiers, qui en se multipliant donneront lieu un jour, peut-être, à un livre fantastique, un de plus, sur mes songes et mensonges et mes délires qu'un critique ou un psy - que sais-je ! – viendrai décrypter pour illustrer ses idées fixes et sa théorie préétablie.

MON PESSIMISME ACTIF

-1-

« Là où croît le péril, croît ce qui sauve. » Contrairement à cette euphorique parole de Hölderlin, je suis de ceux qui voient croître les dangers et décroître ce qui sauve.

Cependant, en dépit des niches de ma désespérance qui prolifèrent, je ne me suiciderai pas, comme a dû le faire Hölderlin lui même, ni me plairai à passer le plus clair de mon temps à avoir ou à me faire peur, ni me contenterai, comme Epicure, de boire le vin de ma vigne à l'ombre de mon olivier ; mais, animé par mon pessimisme actif, je mettrai mon point d'honneur à m'énergiser le corps et me cultiver l'esprit, à me faire force qui va contre l'hégémonisme et les injustices, à m'engager dans l'humanitaire et le « projet de paix perpétuelle » à la Kant et pour la santé de la terre et des terriens et le bien vivre ensemble.

-2-

Je ne sais quel hyperoptimiste (peut-être est-ce moi-même jadis) a écrit : Pour rebondir, il faut toucher le fond. Cependant, à l'épreuve des faits de la vie, j'ai dû me ressaisir en m'interrogeant : Oui, mais que dire alors de ceux – et ils sont légion – qui touchent même le fin fond, sans jamais pouvoir rebondir, ou quand cela leur arrive incidemment, c'est pour mieux y rechuter.

-3-

Chaque jour qui fuit me nuit et enterre un peu plus mes facultés et mon corps dans les plis et replis du déclin, prélude oblige au néant infini.

-4-

« Le pessimiste, dit Goeth, se condamne à être spectateur ». Dans l'absolu cela n'est pas vrai. Que de pessimistes par excès de lucidité peut-on citer sur les scènes de l'engagement et de l'agir !

Pessimiste ou optimiste, cela ne se décrète pas, et la frontière entre eux n'est ni étanche ni intangible. Antonio Gramsci avait raison de dire : Pessimisme de l'intelligence, optimisme de la volonté.

-5-

Sauver sa peau ici-bas, sauver son âme pour l'au-delà. Hors les voies du Seigneur, point de félicité, point de salut ! Et bien d'autres propos lénifiants dont nous abreuvent des prédicateurs de tout poil. Cependant, passé l'effet d'annonce ou d'émotion, tous ces propos emballés dans des discours fervents et une rhétorique alléchante, nous laissent sur le bord de la route, seuls face à nous-mêmes, face à notre affligeante impuissance à faire de la vie ce qu'elle devrait être : douce et joyeusement supportable, dédouanée des périls qui nous assaillent, et des drames qui nous broient ou restent pour un temps comme autant de bombes à retardement.

Quant à moi, en cette matière, me mettant à contribution, je fais de mon mieux pour que le flou de mon existence soit quand même quelque peu artistique. Cela m'aide à me maintenir à flot, m'agrippant à moult songes et mensonges, et à quelques promesses et illusions.

Puis à chaque culbute ou mauvaise passe, je n'avais à la bouche qu'une seule et unique phrase : il faut bien se faire une raison. Au bout du compte, toutes mes raisons n'étaient que des pis-aller et des sauf-conduits vers l'anesthésie ou le moindre mal.

ELANS DU DESIR

Il n'y a qu'un seul principe moteur : la faculté désirante.

Aristote

Bien sûr, il y a nombre de femmes et, parmi elles, certaines sont belles. Mais où retrouverai-je un visage dont chaque trait, chaque ride même, réveille en moi les souvenirs les plus profonds et les plus doux de ma vie ? Mes douleurs infinies, mes pertes irréparables, je les lis elles aussi dans la douceur de tes traits et j'oublie ma douleur quand j'embrasse ton doux visage. « Enseveli dans ses bras, réveillé par ses baisers » - c'est de moi que parle le poète...

Karl Marx,
dans une lettre à sa femme Jenny

HONNEUR AUX MERITANTES

-1

Revenons au désir.
Désireux de ta tendresse la plus fervente
Et de ton souffle le plus doux,
Je m'obstine à te croire mêlée à mon azur,
Intégralement mienne enfin.
Désireux de vivre de plain-pied
Avec tes signes avant-coureurs
Et tes parfums,
Afin que s'éloigne de moi le danger
De la cendre et du décès.

Devrai-je te changer, ô insensée !
Qu'il n'est matière à ma pensée
Plus belle que ta forme !

A la lumière de ton corps, sur ton corps
Je veillerai.
Et pleinement je rêverai
A tes avènements divers et différents.
Et nul mot que tu dirais
Ne sera à la merci du vent.

-2-

Tu m'aurais dit que la terre est au centre de l'univers et que, nous deux, nous sommes au point crucial de la durée que j'aurais pris au pied de la lettre tes théorèmes et fait grand cas de ta bouche qui les énonce. L'immense plaisir est pour moi lorsque, battant en retraite, je me fais l'hôte de ta différence…

Tiens donc toujours les plus beaux propos de bonheur,
Et mon cœur,
D'un seul mouvement,
Les épousera dûment.

-3-

Lorsqu'elle m'entretint pour m'instruire
Sur l'eau et l'aurore,
Elle fut dans mon désert obscur
Une symphonie champêtre
Et une renaissance inouïe.
Elle fut l'aurore enveloppante
Et l'eau bénie dans mes veines.

Je la nommerai pluie fécondante,
Gain béni et le tout, le moment du tout.
Je la nommerai mon sang,
Lorsqu'à mon peuple j'ouvre mes bras
Et qu'ainsi mon corps devient pour les arbres
chargés de fruits et de fleurs
Un signalement.

-4-

Si tu étais une colombe
J'aurais enlevé mon turban et mes sandales
Et marché nu-pieds, nu tête,
Vers la demeure où ton corps doux et durable
Donnerait sens à ma fête.

Si par bonheur de son flanc ou de ses cuisses
La femme que tu es faisait sortir une colombe,
L'eau et la verdure m'inonderaient
Et je n'aurais pas conclu
Que la vie est remords.

Reflet saisissant,
Renvoyant à mille côtes et domaines,
Ou sein protecteur contre toute terreur imminente :
Ni l'un ni l'autre tu ne seras,
Car la courbe de mon désir est reptile
Et je sais qu'au monde vivant,
Formes et styles
Naissent au rythme des aubes
Et des apparitions viriles.

Bref, la femme, colombe ou patrimoine de paix et de plaisir,
Je n'aurai que du bien à en dire.
Et recevant d'elle l'illustre image de mon devenir,
Je la louerai et lui ferai les plus beaux accueils,
Et c'est le suc de ma vie qu'elle pourra cueillir.

-5-

Je m'affole
Dans l'inextricable abondance d'arôme et de vie.
Ma robe, entachée du sang de mes envies,
Arrive à vous, ô mes amants !
Dans la plus pure rafale de vent,
Avec la verdure juvénile et les phases heureuses,
Arrive banderole en pourpre des populations amoureuses,
Voile du paquebot navigant dans les fleuves des corps nodaux
Et des lumières plénières
Vers les terres rouges de flammes et de chairs.

-6-

Quand je déraisonne, je m'affectionne et ambitionne en la réclamant celle qui m'entourerait du chant sauvage des plus grands oiseaux de montagne et de mer, ou me mettrait dans les plus hauts méandres du désir.

Et si je chavire,
Je retourne au désert,
Pour y gronder tel un tonnerre,

Ou mourir sur son sable ardent,
Sous ses lumières sévères,
Comme un fantôme blanc
Venu des terres les plus amères.

-7-

Avant de te connaître, mes joies ont toujours été éphémères ou de courte durée. A présent ô ma belle, je te loue pour les grâces que tu ne cesses de m'accorder ! Ma tentation est grande d'écrire un éloge de l'amour durable, que je te dédierai, à toi seule, ô mon havre de délice et de paix, ma valeur sûre, la mieux cotée par mon cœur et ma raison !

On me dit que de toi, je suis tombé amoureux et que de moi tu tomberas enceinte. Avaries du langage ! Car par mon amour pour toi, plutôt je me lève et m'élève. Et enceinte tu donneras la vie grâce à notre accouplement subliminal et ascendant.

Mon vœu le plus cher, qui est le tien, est que, une fois délivrés des tâches et contraintes de la vie quotidienne, nous puissions écouler des jours encore plus heureux sur les quelques parcelles d'Eden naufragés sur notre planète nommée Terre, où nous pourrons ensemble cultiver notre jardin et chanter des hymnes à l'amour fervent et inépuisable.

-8-

Mourir d'amour, dans le sens propre et vrai et non métaphorique et figuré !

A ma connaissance, il n'y eut que la tribu antéislamique des Banû 'Udra qui d'amour s'était éteinte. Car chaque membre, homme ou femme, aimait jusqu'à ce que folie et mort s'ensuivent.

A défaut d'une progéniture, quelques poèmes et paroles leur ont survécu, tous pétris d'un platonisme immatériel, non charnel et intensément auroral et immensément pur.

DU FEMININ PLURIEL

-1-

Présentement,
Nulle pénurie ni désagrément.
Et que nul ne dira qu'en marge des cours des Puissants
La vie est précaire…
Entouré des eaux les plus pures,
Des airs les plus purs,
M'environnent les merveilles de la terre
Et les signes les plus salutaires.
Ô que le monde est beau !
Et je le suis aussi,
Moi que voici,
Comme un cheval fou.

Je dois prendre garde cependant.
Que sais-je ?
Les rats, les insectes et les sauterelles,
Pourraient bien envahir et soumettre à leurs méfaits ces champs,
Les feux pourraient me cramer aussi,

Les airs se polluer et m'asphyxier,
Les eaux déborder leur lit et emporter mes rames et mon âme.
C'est vous dire combien est ardu l'effort
De maintenir le corps
en bonne posture entre le plaisir et la paix
Et je ne cache pas aussi (ce que Dieu sait)

Qu'à des moments entrecoupés de la nuit,

J'éprouve l'absence de la femme, cruellement

J'apprends alors qu'en de pareils moments,

Le corps, épousant la raide poussière, subit, pour en être tatoué intérieurement, la marque d'une détérioration funeste et d'une lézarde marque inscrite sur tant de victimes dont la chute libre et indivise ébranle encore ma mémoire ... ainsi donc, par la force des choses, suis-je conduit à organiser ma riposte en préparant soigneusement un plan de détournement des caravanes sahariennes légitime défense ! dirait mon Maître caravanes que je n'échangerai que contre beaucoup de femmes ! J'en veux autant pour que je puisse les redistribuer équitablement à tous ceux qui en vivent le manque quotidiennement gloire aux justes et aux altruistes ! me dit le Maître d'une voix tranchante et diaphane et bénies soient les belles créatures, ajoute-t-il, sur un ton emphatique et non catholique.

-2-

Quartier général du silence,

Ou jardin de la solitude publique,

L'entrée y est toujours et de partout gratis,

Ô quel délice !

Que d'aborder à l'aune d'un dense feuillage une créature angélique,

Et de lui souffler gentiment :

Ô fille du bon vent !

Ne me manquent pour devenir un dieu,

Que quelques signes de puissance :

Un trône abstrait,

Une immense absence,

Des yeux d'airain au regard distrait,

Et une barbe en soie,

Vous ferez donc bien, ô ma déesse !

De croire en moi
Et d'embrasser
Ce bon dieu en détresse
Que je suis …
Elle souffla sur mon visage terrassé
Des poils mêlés de cendre et dit : non !
Puis disparut furtivement.
Alors, je me mis à tendre mon piège bien autrement.

-3-

Au lendemain de mon retrait, elle vint à moi. Femme d'une autre rive. Falaise fleurie et patrimoine de sagesses folles. Elle m'offrit une rose, lumière sur lumière, et une glace en pierre. Sur la genèse des corps, elle m'entretint. Elle m'entretint sur l'histoire générale des sens et formes. Sur la douceur et la sérénité. Sur les eaux et leurs lits. Elle disparut enfin, nudité en flamme sur un toit marin.

-4-

« Les hommes se vengent du fait de vivre. » Misogyne, Nietzsche, l'auteur de cette pensée, dira volontiers que les femmes, quant à elles, se vengent du fait de n'être que femmes.

-5

Entre femmes, toutes belles et intelligentes, je suis toujours en ballotage. Mais de toutes, je penche vers celle qui me confesse son hyperpessimisme en lançant des éclats de rire jusqu'aux larmes.

-6

Le seul argument massue qui apaise cette épouse, c'est quand son mari, tel un éléphant dans un magasin de porcelaine, renverse la table à manger et s'applique minutieusement à casser la vaisselle et tout ce qui lui tombe sous la main.

-7

Fuir, dit-il, fuir cette femme infâme qui par son cynisme viscéral et hurleur me plombe, me gène et deviens pour moi une machine à perdre ma bonne humeur et ma joie.

-8-

Fuyant une femme partisane patentée de la noria du neuf, qui n'embellit et profondément ne respire que lorsqu'on la couvre de regards admiratifs et lascifs, je m'en remets à une autre qui, semblable à mon rêve, excelle à m'apprendre à aimer la meilleure des solitudes : choisie, fine et féconde.

-9-

A la faveur d'insomnies incompressibles et itératives, il s'est attelé à une tâche pénible, mais combien nécessaire : se fouiller, plonger dans son moi relationnel pour tenter d'y déceler la genèse de sa déconfiture totale ou presque avec la gente du même sexe.

N'eussent été celles auprès desquelles le comblent une chaleur douce et une énergie renouvelée, et se sent, en un mot, meilleur, il y a belle lurette qu'il eût jeté l'éponge et sombré dans un autisme profond et insondable.

-10-

Laide, un peu trop, et ne s'en cache pas. Au contraire, pour extirper tout sentiment d'infériorité ou de gêne, elle prend un malin plaisir à assumer sa laideur comme si c'était sa palme d'or, le trophée de sa performance et de son originalité valorisante.

Celui qui ne salue pas en cette femme sa provocante audace et sa brillante intelligence est un imbécile patenté ou un monstre ignoble. Et chez l'un et l'autre, la méchanceté crue est une activité jubilatoire et une sale nature indécrotable.

MICROCONTES

-1-

Comme une lune

- « Vous êtes belle comme un astre ! lui clamai-je véhémentement.

- Comme un astre ! Lequel ? demanda-t-elle, indolente et sournoise.

- La lune, voyons ! La pleine lune que les poètes à travers les âges, unanimes, rivalisaient à en louer la suprême beauté, la parfaite harmonie et l'envoutante clarté ; autant de merveilles pour l'œil et le cœur !

Nullement émue par mes louanges lyriques, cette femme probablement quadragénaire, s'empressa à m'inculquer une leçon de lucidité désarmante :

- Tes compliments, cher monsieur, sont pour moi du déjà entendu. Sache cependant qu'il ne tardera pas le jour où ma beauté lunaire, comme vous dites, vous ne pourrez plus l'exalter que de loin, très loin de moi, par un *sms* ou courriel. Car ce jour, mon visage et mon corps s'apparenteront beaucoup plus à un paysage lunaire, si vous voyez ce que je veux dire.

-2-

Une belle hystérique

Certes, cette femme n'était pas de celles qui, tels des livres ennuyeux, vous tomberaient des mains. Belle à vous couper le souffle, de près ou de loin et dans toutes les poses.

Fidèle abonnée à la noria du neuf, coquette, délicate, capricieuse et aux petits soins de son apparence et de sa diète, au point qu'elle devenait parfois hypocondriaque. Au moindre malaise corporel, même bénin et ne prêtant à aucune conséquence, elle soupirait à qui voulait bien l'entendre : J'ai cru que j'allais y passer. Trépasser à mon âge, quelle horreur et quelle infamie ! Quel crime lèse-beauté !

Cependant, il y avait en cette femme un hic, et il était de taille, un couac, qui dans son entourage dérangeait bon nombre et faisait grincer beaucoup de dents. Selon toute vraisemblance, elle avait une ferme conviction qu'elle fut créée pour être contemplée, adorée, adulée et que sa beauté ne s'intensifiait et ne rayonnait que lorsqu'on n'avait d'yeux que pour elle. Tels des appels d'air étaient ses appels des regards admiratifs d'autrui. Et gare à ceux qui la regardaient de travers ou la boudaient et qu'elle taxait de gigolos ou de pédés ! Et gare encore plus à celles qui lui cherchaient noise et qu'elle traitait de femmes infâmes et de sorcières jalouses qui lui jetaient le mauvais œil !

Avec un tel caractère déconcertant et insupportable, comment s'étonner que ses tentatives de faire du théâtre puis du cinéma fussent infructueuses et sans lendemain.

Quant à moi, préférant bénéficier encore de ses faveurs pour un temps, je n'avais d'autre choix que de me tenir à carreau, d'autant que tout en elle était carré, depuis ses idées, ses jugements et injonctions jusqu'à sa coupe de cheveux préférée. Mieux valait la subir que de me la mettre à dos en m'exposant à ses bourrasques et prises de bec, ou à me fourvoyer en sa compagnie dans des conflits cornecul… Mais le jour où je me déciderai à la quitter, elle et son incurable frigidité, alors je me ferai roc, dur comme fer et lui dirai par téléphone ses quatre vérités.

Ce jour ne tarda pas à venir après m'être éclipsé hors de sa vue un peu plus d'un mois. Je pris mon courage à deux mains et réussis à l'avoir au bout du fil après maints essais. Pressentant certes l'objet de mon appel, je n'avais pas fini mes mots de politesse qu'elle se fendit en injures diffamantes à mon égard et m'annonça avec solennité et emphase que je n'étais pour elle qu'un vulgaire body-guard, un gorille de cirque, et qu'elle me jetait tel un vieux machin, me défiant au passage de venir prendre acte de sa décision les yeux dans les yeux. Sur ce, j'eus la présence d'esprit de la devancer à lui raccrocher le téléphone au nez. Petite revanche presque posthume ! mais c'est mieux que rien.

Des mois passèrent, j'appris de la bouche d'un de mes successeurs, en passe lui aussi de jeter l'éponge, que mon ex-maîtresse, ayant refusé de se faire traiter par un « psy », avait accepté, par contre, la proposition d'un ex-psy reconverti en cinéaste de jouer dans son feuilleton le rôle d'une belle hystérique, le seul qui lui ira comme un gant.

Histoire à suivre …

Plusieurs scenarii pour notre pauvre femme peuvent être imaginés :

- Ayant toujours fait peu cas du temps qui passe et qui casse, elle sombre subitement dans une dépression carabinée, alternant quelques éclaircies et beaucoup de rechutes ...

- Incapable de se surmonter, elle épouse une ambiance suicidogène et finit par se défenestrer théâtralement pour faire connaître son refus irrévocable d'un monde médiocre, nain et absurde qui ne lui arrivait pas à la cheville et n'avait ni rimes ni beauté.

- Devenue tristement rangée, elle prend pour mari un demeuré, une tête à claques, ou un autre, riche, sénile et en fin de vie ...

-3-

Un sexy-slow

Invité à une soirée dansante, je m'amène tirer à quatre épingles, seul, comme à mon accoutumée. La maîtresse des lieux dont j'étais l'amant il y a belle lurette n'exigeait plus de moi d'être accompagné, convaincue peut-être par mon argument massue : Moi l'athée, je ne vais quand même pas céder aux prêtres catholiques le monopole du célibat !

Balayant du regard l'ensemble des convives, je vis une femme superbe, apparemment seule, comme moi. D'un pas sûr et confiant, je m'avançai vers elle, droit mais d'un air désinvolte, esquissant un sourire affable et apaisant. Sans préludes ni salamalecs, je lui chuchotai à l'oreille :

« Vous êtes madame …

- Mam'selle, corrigea-t-elle.

- Vous êtes, mademoiselle, d'une beauté captivante … »

Elle m'interrompit d'un rire angélique, discret mais accessible à tous mes sens. Et encouragé, j'enchaînai :

« Captivante est votre beauté et en plus renversante … Tenez, si vous ne me soutenez pas, je risque fort de tomber raide à la renverse et de me briser quelques vertèbres… »

Me voyant sur le point de perdre pied, elle s'exécuta en passant son bras sous mon aisselle. J'en profitai pour l'entraîner doucement sur la piste de danse où un *sexy-slow* m'offrit des instants sublimes, ravissants, durant lesquels, corps à corps, j'inhalais les senteurs de son cou, de ses cheveux et de sa poitrine à moitié découverte. Je lui chuchotais des mots ivres, inspirés certes de mon état d'excitation extrême. Les danseurs tout autour, je les voyais à peine, faisais peu cas de leur voisinage et de leurs regards indiscrets. Bien moins que des comparses, des ombres, quoi !

Voulant savoir son nom, elle me le livra dans l'oreille sur un ton chantonnant : Isabelle : Isa pour les intimes. Je lui exprimai ma préférence pour Belle comme diminutif et lui déclinai mon prénom : Abdallah et Abd pour les intimes. Elle répliqua qu'elle préférait m'appeler Lah. J'allais lui expliquer que cela est sacrilège lorsque le *sexy-slow* s'arrêta net et qu'elle prit congé de moi pour aller faire un brin de toilette.

Installé au bar, l'attente de son retour se fit longue. J'ingurgitai des verres d'alcool fort pour calmer mon impatience. Allumant un cigare nerveusement, un serveur vint me prier d'aller fumer au balcon. J'obéis sans mot dire. Et de là, quelle ne fut ma surprise lorsque j'aperçus ma dulcinée au parking sauter dans sa décapotable et filer à vive allure. Descendre par-dessus bord et m'engager dans une course-poursuite au volant de ma voiture, me parut vite peine perdue et idée folle. Je revins sur mes pas, traversai la grande salle d'hôtes sous les regards intrigués de quelques curieux, et enfin, remerciant la maîtresse des lieux de son aimable invitation, je pris la porte de sortie, avec entrain et fierté et une immense frustration d'avoir raté une si belle prise.

Désemparé, je revins à la charge d'une voix pitoyable, toute en douceur et attendrissante.

Et avant de me sommer de quitter les lieux à jamais, elle vociféra indignée : Non seulement tu m'as larguée comme un vieux chiffon, mais en plus tu me prends maintenant pour madame Claude !

Traversant son jardin en direction de mon véhicule, je reçus sur la tête mes fleurs et mes chocolats que les domestiques se disputèrent gaiement.

L'image de ma belle disparue ne cessa pas de harceler mes jours et mes nuits. Je me mis à fréquenter les lieux et les cercles qu'elle était censée fréquenter. En vain. Son souvenir, le temps aidant, allait s'amenuisant jusqu'à s'enfouir au fin fond de ma mémoire lorsque dans l'après-midi d'un jour pluvieux, j'aperçus au coin d'une rue une femme qui ressemblait à ma dulcinée comme deux gouttes d'eau. Je l'ai abordé poliment, lui demandant de m'indiquer une place que je savais lointaine. Elle me toisa d'un regard trouble et me fit signe de la suivre. Je m'exécutai sans mot dire, traversant derrière elle, rues, venelles et porte d'un vieil immeuble, jusqu'à me trouver en tête avec elle dans un studio bas de gamme, pauvrement meublé et faiblement éclairé par un abat-jour rougeâtre sur une vieille table de nuit. Elle se débarrassa de son imperméable, son châle et ses bottillons, et me lança sur un ton fort menaçant.

- Ça sera 150 € … ou 100 si tu fais vite …

Debout, l'air abasourdi, j'arrivai à peine à prononcer quelques mots :

- Isabelle, je t'ai enfin trouvée ! Ne te souviens-tu pas de moi et de notre sexy-slow chez Madame… rappelle-moi son nom… C'est vrai, ça remonte un peu à loin, mais quand même !

- Mon Dieu, soupira-t-elle, que t'ai-je fait pour m'envoyer ce pauvre con jusqu'à chez moi ?!

- Isabelle, je t'en supplie, fais un effort. Tu te rappelleras de moi, Abdellah, Lah pour les intimes et du bon moment de danse que nous avions passé ensemble … Isabelle !

- Je ne suis pas Isabelle, hurla-t-elle d'une voix à écorcher l'ouïe. Je suis une pute. Tu veux baiser ou merde ?

Sans attendre ma réponse, elle se mit à se déshabiller en me sommant de payer d'avance.

Perdant ma voix et pris de panique, je cherchai à m'enfuir à toutes jambes lorsqu'un colosse, sorti de je ne sais où, m'attrapa par la nuque, me dépouilla de ma montre et de ma bourse et me jeta sur le palier en m'ordonnant de déguerpir. Avais-je un autre choix que d'obéir, afin de sauver ma peau et le peu d'amour-propre qui me restait et pour m'éviter de pisser dans mon pantalon ou de péter de trouille !

Battant le pavé de ma retraite, l'allure faussement relevée, je maudissais les sosies et pris la ferme décision de tourner pour toujours la page nommée Isabelle et de la tenir définitivement hors de ma vue et de ma vie. Et il en sera ainsi en l'enterrant dans le registre de mes vieux souvenirs, au chapitre de mes bourdes et mes égarements. Car j'en ai assez de prendre pour mon grade, si tant est que j'en aie un.

-4-

Une hôtesse troublante

Une belle hôtesse des airs, constatant que je la fixais du regard, me demanda gentiment avec un large sourire :

« Désirez-vous quelque chose, monsieur ?

- Contempler votre beau visage, dis-je, pour vaincre mon trouble irraisonné mais réel...

- Mais, répondit-elle, sereine et rassurante, il n'y a pas de turbulences et le vent est favorable.

- Mais c'est votre beauté qui me déstabilise et me trouble, ma'mselle.

Elle esquissa un sourire compatissant et partit se consacrer à ses besognes.

-5-

Ma lettre à elle (extrait)

Mais pourquoi donc tu n'as de cesse de me déclarer ta flamme religieuse, comme tu faisais jadis de tes flammes amoureuses.

Ta foi que tu t'entêtes à exhiber et à me la justifier, sache que je m'en fiche comme d'une guigne. Non qu'elle contredise la mienne dont je ne te parle jamais, mais il m'exaspère et m'ennuie de te voir en faire cas à tout bout de champ et la mêler à toutes les sauces. Tu finiras ainsi par l'user, si avant elle ne t'use pas.

Changer de registre, écouter d'autres contes et récits, d'autres chants et musiques ; prendre le large pour d'autres espaces et respirer d'autres airs et parfums, voilà des exercices, entre autres, auxquels tu devrais t'adonner à plein temps, à plein poumons, afin de te découvrir de nouveaux horizons et territoires, de nouvelles lumières et passions dont tu n'as jamais soupçonné l'existence, ni même vu en rêve.

-6-

Dialogue funèbre

-Quel être chéris-tu le plus, ô ma belle épouse !

-Est-ce une question à me poser ! Mais c'est toi, voyons … Toi seul chéri.

-Donc sur ce que tu as de plus cher, je te jure amour et fidélité, jusqu'à ce que la mort nous sépare.

-La mort ! La mienne ou la tienne ?

-La mienne, voyons … Galant et affable à l'égard du « l'autre sexe », sur tous les seuils et dans tous les services, je n'eus de cesse de prioriser la femme, belle ou laide, jeune ou vielle, en épelant avec un large sourire la formule consacrée : « Après vous ma chère. » Seule exception à cette règle de bienséance est celle qui s'impose à moi avec toi au seuil de la mort, où je te prierai essouffler : Avant toi, chérie ! Et prends soin de ma dépouille pour bien la laver, l'encenser et l'enterrer avec honneur.

POLITIQUEMENT HERÉTIQUE

Soyons réalistes, réclamons l'impossible.

Che Guevara

-1-

Entre le marteau et l'enclume
Et sous la prolifération ténébreuse de l'atroce arbitraire,
Mon âme qu'on dirait bien portante
Perd au fil des jours ses rames.

Ma peau chagrinée, elle, bien que dure,
Souffre de l'enfermement
Et d'un blocage obscur,
Si obscur qu'il n'est en ce temps
Vie plus impure !
Quant à mon sang,
Dites-vous qu'il est en quête de débouchés
Et d'ouvertures.

Je rêve tellement fort de ton retour,
Au jour de ma famine
Femme capitale,
Source de ma fête sublime.
Je suis l'évadé que l'injustice seule secoue
et réveille,
Le revenant à toi de mes rechutes et
mes sommeils,
Mon autre pôle, ô mon refuge !

Lorsque (déclassé) les tavernes me chassent,
Et qu'unanimes les mosquées et les partis
Portent mon nom sur la liste des proscrits.

-2-

En ces temps,
L'amour et le savoir s'en vont avec le vent.
A tout un chacun
Son compte en manques
Son mal de vivre
Et son champ de ténèbres ou son désert
Où il s'en va traînant sa mal-aimée,
Et s'entraînant à paraître bien portant entre écueils et dangers.

Tournant mon dos je m'isolerai
Chacun se doit de riposter comme il pourrait.
A la déraison je consacrerai
Mon for intérieur et le reste de ma durée.
Et nul doute qu'en fin de compte je m'en irai
Au plat-pays des gisants où je ferai
Corps avec les martyrs après avoir proféré
Des paroles-limites, angulaires.

-3-

Chassé irrévocablement de ma terre
Il ne me reste qu'à traîner ma charrue,
Là où toute pluie n'importe guère,
Dans les routes goudronnées et les déserts,
Dans les autres espaces pierreux de ce
pays terrifié.

Et entre deux chutes,
Je raconte le corps affamé,
J'écris par la voix l'histoire du dénuement et
des aliénations.
J'écris les désastres,
Et je parle de mes tournées dans moult pays et contrées,

Et je parle de la fin de mes tournées :
Vous me trouverez mort,
Entre une charrue,
Un arrosoir
Et des oiseaux blancs et noirs.

-4-

Un idéologue faussaire ne s'indigne jamais des anomalies et handicaps qui nous frappent, et trouve pour nous les faire avaler moult ruses et tours de passe-passe. Certains se laissent par lui berner candidement ; d'autres s'insurgent et l'envoient au diable, lui, ses arguties et ses foutus arguments. La devise de ces autres sont celle de Sœur Emmanuelle : « Qui n'est pas révolté n'a pas les pieds sur terre ».

*

En face de la montée en force des crises non résolues, avec leur triste cortège de drames individuels et sociaux, ai-je un autre choix que de me radicaliser, au lieu de m'y résigner, et d'être réaliste en demandant l'impossible, selon la belle parabole du Che… Je suis de ceux qui pensent que l'injustice et la misère jettent des souillures sur la beauté du monde.

*

Contrairement à ceux qui font l'impasse sur la sempiternelle et tentaculaire corruption et sur la montée des disfonctionnements et avaries, feignant ne pas les voir ou les sentir, l'intellectuel authentique est de ceux, fort peu nombreux, qui à leur égard préfèrent observer un devoir et une langue de vérité.

-5-

JOURNEE D'UN AVEUGLE

Sur une terre en ruine où j'étais non-voyant, je m'arrêtai devant une femme que je croyais soudée à une grosse pierre solitaire et mêlée à quelque parfum boueux… Du matin au soir, je me mis à la toucher et à rôder autour d'elle, tel un vautour affamé. Et c'est entre les deux extrémités du soir qu'elle bougea et se déshabilla, injuriant le ciel et le sort. Triste et amère révélation ! La femme ne fut que des os qui tombèrent en lambeaux aussitôt. Alors, guidé par une fillette paralytique collée à mon dos, je prie la fuite, mâchant une algue mystique et évitant un avion ennemi qui allait bombarder mon village et les miens.

-6-

C'EST LA FAUTE AU VENT…

Après m'avoir canonisé, voici qu'on me canonne d'invectives et d'injures. Chef d'inculpation : menteur patenté, champion toutes catégories des promesses non tenues, casseur du thermomètre pour faire baisser la température, etc.

Politicien raté, certes je l'ai été. Girouette suis-je, et le motif, celui dont se prévalent tous les politiciens ou presque, réside dans le vent qui tourne. Mais de là à me jeter en pâture à la vindicte pégrière, à me condamner à l'exil ou à me cacher pour mettre du baume à mes plaies et les lécher, non et mille fois non. Plutôt me barricader et fourbir mes armes ou bien, tout en finesse, passer de vie à trépas. Ceci dit, rien ne m'empêchera de pister une autre issue pour tirer mes marrons du feu et sortir du pétrin humain indemne et digne.

-7-

VIVA LA MUERTE !

A Arrabal

Ma femme qui a vendu son âme au diable et au mauvais vent
Se mit à divulguer mes secrets à tout bout de champ.
Une nuit où il pleuvait des cornes,
Je sortis chercher ma pitance.
Au coin d'une rue sombre,
Trois « chemises noires » s'en prirent à moi,
Se mirent à ensanglanter mon corps,
A cabosser ma figure contre un mur,
Jusqu'à en perdre conscience.
Lorsque titubant, crachant des dents et mon sang,
Je revins trouver asile sous mon toit.
Ma femme, au summum du plaisir, disparut un instant,
Puis elle revint, les fascistes l'accompagnant.
Le lendemain,
Dans une fosse, je fus exécuté de bon matin
Laissant mon fils tuberculeux
Me rechercher bien vainement.

-8-

LE SAGE ET MA FIEVRE

Car quand j'aperçois l'existence venir à moi,
Je frappe ma poitrine
Et jette l'ancre dans l'instant.
Et mes chants
Deviennent eau mousseuse à même le temps restant.
J'offre au sage
Assis dans la lumière
Mes marais et mes fièvres, en adages.
Et je sombre
Dans le flot de mes songes,
Pour aller jusqu'au bout de la poussière.

-9-

EXISTER C'EST INSISTER

Je conclus qu'exister c'est insister, endurer et persister.
Et je pénètre dans une taverne,
Où ne pénètre jamais le jour.
Là je tète du bon vin de mamelles lumineuses ;
Je me vois entre deux courbes flamboyantes
Fouetter la femelle et tomber entacher de sang et de sueur.
Dans un puits profond, plus profond que mon désir,
Si profond qu'il fonde la folie…
Le matin au réveil, je remonte,
Soit pour revoir le soleil et les malfamés,
Ou pour marcher jusqu'à épuisement,
Dans l'une de ces villes sans âme ni beauté,
Ou pour errer,
Là où des offices hissent les étendards
De ma fausse liberté.

SUBE A NACER CONMIGO, HERMANO [1]

-1-

Des vagues d'humidités huileuses,

Des vagues de tristesses humides

Incarcèrent l'œil-oiseau.

Dans mes rechutes,

Qui attise mes patiences ?

Qui occupe mon corps et l'incite au martyr suprême ?

Est-ce mon peuple, mon vertige ?

Continûment fouetté par l'ascèse,

Au maximum de moi-même je pratique le change.

~2~

Je suis derrière mes lunettes,

Derrière mon regard,

En quête de dispersion intime,

Je me répands

Et c'est en vain que je m'appelle.

---

[1] *« Monte et nais avec moi, frère ! »* (Pablo Neruda)

~3~

Avec celle qui est prise,
Telle une proie dans les fils de mes regards.
Je touche aux limites de son être-là précaire et hagard.

Fallait-il tant de zèle et de volonté de voir, pour me rendre à l'évidence

Que ce qui ôte au corps tout désir de persister et de se reproduire

S'appelle l'évidence.

Mon corps, murmure des décombres, persiste,
S'épuise dans le dénombrement des particules et organismes
Qui désamorcent l'humanité en l'homme.
Exister, c'est insister.
Ô anges souterrains ! Tempérez donc mon existence.

-4-

D'une cellule l'autre !
Mon absence perpétuelle !
Se déchaînent les cris des miens dans les étendues du désert.
Et s'y enterrent.
Mon désert mûrit
Et me frappe de transes.
Du fond de ma cellule,
Sur mes tortionnaires, hontes debout, je crache.

Au fond de ma cellule, des vagues d'humidités huileuses,

Des vagues de tristesses humides incarcèrent le corps-oiseau.
Le corps à même le sol, je sombre.
Se montrent alors dans les espaces brumeux de mes absences
Des maquis rouges de lutte et de fraternité certaine,
De la recrudescence des violences
Pour que renaissent l'homme et le sens.
Recrudescence !
Lapidations essentielles !
Maquis d'où je combats par mes étalements tous azimuts.
La croissance de la rareté en tentacules desséchantes.

Défilent aussi des vallées rouges du désir où je passe
Hôte indésirable,
Vallées de seins célestes
Et de chairs fraîches et jeunes,
Comme autant d'aurores
Et d'émergences soudaines.

-5-

Sur les places publiques,
Gît le secret de mes conspirations,
Sous le soleil du midi,
Mon autre ennemi.

-6-

Et d'un territoire où l'agression est de règle,
Que dire ?

D'un territoire où mon peuple se déplace à travers
organismes et institutions qui déshonorent ses angoisses
et calcinent ses rêves.
Ses rêves, organiquement aquatiques et diffus.

-7-

Meneurs de la liberté :
Allez là où vivent encore les leaders désenchantés.
Allez là où vibrent encore les yeux de la foule
ensorcelée et seule à en crever,
Et là où sont en berne les valeurs et les bonnes volontés.
Meneurs de la liberté :
Emancipez nos corps dans les vents des hauts-lieux et des altitudes souveraines.
Déchaînez les sons sonores du chant majeur que nous taisons.
Qu'elles naissent parmi nous les sources des eaux purifiantes
Et des élans-créateurs.
Que viennent à nous la vraie vie
Et ses lumières graciles et tonifiantes
Et ses ombres fraîches et apaisantes.

UNE THEOLOGIA MODERNA

-1-

REMERCIER DIEU !

Epictète, mort en esclave banni par l'empereur romain Domitien en 125, écrit ceci : *« Vous ne savez pas que votre corps est esclave de la fièvre, de la goutte, de l'ophtalmie, de la dysenterie, d'un tyran, du feu, du fer, de tout ce qui est plus fort que lui ? »*

Par les temps qui courent, où d'autres horreurs et maladies incurables sont à l'œuvre, comment ne pas remercier Dieu ou le destin de n'avoir pas eu ou pas encore le cancer, le diabète, le sida, la sclérose en plaques, l'hépatite C et que sais-je encore ?

-2-

AU MAITRE DES DOULEURS

Angoisse sans visage
Remontant en spirale
Du fond des âges.

Le visage du Maître des douleurs est dans la boue,
A l'échelle de tous les paysages,
Ses femmes nues, se plaignant en chœur, amertumés et lasses,
De l'éloignement des amants, de la cruauté des distances.
Ses femmes nues, trottant toutes nues, à travers champs et terrasses,
Et perdant leur souffle que l'âpre vent
Dispersent allègrement.

O Maître de l'ancestrale, l'éparse douleur !
Toi qui connais la balade des jardins autour des flammes
Et le flétrissement des visages entre les murs,
Ecriras-tu encore – comme jadis – des vers
Aussi salutaires
Et purs ?

-3-

DÉRÉGULATION

Perdre des enfants en bas-âge ou jeunes, n'est-ce pas là une des pires afflictions qui puisse nous frapper ! L'horloger du monde, si horloger il y a, dit un affligé à vie, règle mal, très mal, sa mécanique universelle.

Un autre du haut de son désarroi s'exclama au risque de sa vie : est-ce vrai, Dieu tout puissant que cette vie si fade et atone est aussi ton œuvre ?!

Mon vœu le plus ardent n'est pas celui de Lamartine : *« Ô temps ! suspends ton vol »*, mais plutôt : Ô temps ! suspends ton usure, tes nuisances et tes viols…

Il n'y a que l'absolu qui ne soit pas périssable. Et l'absolu, comme Hegel et Kant, entre autres, se sont employés, leur vie durant, à le montrer, à nous mortels, est irrévocablement inaccessible et imparable.

L'homme est ici bas, sous le regard de Dieu, bienveillant ou courroucé, mais toujours immensément transcendant et lointain, et ce au vu des terriens empêtrés dans leur impuissance ou affolés par les affres d'une vie biodégradable, la leur en l'occurrence. Parole d'un moine bien avisé.

Sans la foi, profère un autre, que d'hommes et de femmes mouraient pennés, déboussolés et la rage au ventre !

COMPLAINTE

Après une pluie diluvienne qui, durant des heures folles, persiste et signe, suivie d'inondations dévastatrices, une jeune mère, la seule rescapée de toute sa famille, s'écrie, les mains levées vers le ciel : tout est ruine, moi-même je suis toute ruinée. Qu'ai-je fait ? O Dieu tout puissant, qu'ai-je donc fait pour m'infliger tant de malheurs, l'un plus pernicieux que l'autre ! Plus lancinant et cruel !

QU'ATTENDS-TU, SEIGNEUR ?

O Seigneur des mondes ! Ne lit-on pas dans la Bible : « *Qu'avez-vous à écraser mon peuple et à broyer la face des pauvres* » ! Et dans Ton saint Coran : « *N'intercède pas auprès de moi pour les injustes, car ils sont immensément coupables.* »

Cependant, Seigneur, qu'attends-Tu pour qu'ici et maintenant et sous nos yeux tu anéantisses les injustes cruels et les tyrans sans foi ni loi, comme tu as fait des Pharaons en leur infligeant, selon le saint Coran : *« un déluge de sauterelles, de poux, de grenouilles et de sang... » ?*

Qu'attends-tu Seigneur ?

LE PACTE DU RAPPEL

Mon bras et ma lance sont sous terre,
Et ma tête est dans les nues.
Si tu es mon créateur jette-moi donc du gibier.

Eu égard aux trêves et aux fêtes sacrées,
Ce sont ses fils, ses propres habitants que la capitale de la tyrannie massacrait.

Je suis le délire qui va bon train et justement chemine.
Encore en peine, certes, je suis,
Mais paix à moi si je vais vomir,
A l'intersection de deux mers.

Sa tension et sa mémoire se meurent
Le pauvre humilié par qui le scandale du pardon et de l'oubli arrive.

Qu'il aille donc aux enfers
Et force nous est de l'excommunier et de le haïr.

A BON ENTENDEUR, SALUT !

Devant un parterre de fidèles, trop fidèles, un prêtre dit au cours de son prêche enflammé :

Ceux qui ne croient pas au Seigneur ne savent pas à quel point ils courent le risque de se le mettre à dos. Sinon comment confronter et vaincre tout ce qui est susceptible de rendre l'athée à de meilleurs sentiments à l'égard de *Deus ex-machina* : malheurs de toute sorte, coups du sort, maladies incurables, pandémies, fatigue d'être soi et d'être là, etc.

La peinture de Goya, dit-on, crie l'angoisse de l'homme abandonné par Dieu, c'est dire que ce grand peintre, contre vents et marées, croyait en l'existence du Seigneur. Quant à être ou ne pas être abandonné par notre Créateur, cela dépend du degré d'amour et de fidélité que nous Lui manifestons. A bon entendeur, salut.

BEDOUINISME

L'apostasie des bédouins après qu'ils eurent dit : nous nous soumettons, nous croyons et attestons.

Et puis revinrent aux terres pauvres et arides ou ils vécurent nomadisant entre sables et pierres et rêvant d'eau et de pâturage.

Ces Bédouins volèrent les voiles des mausolées sacrés de tous les saints.

Et expédièrent à l'ombre de Dieu sur terre les têtes des gardiens.

SI MES DIRES …

Si mes dires contredisaient ceux des nuits de mauvais présages et du destin,
Je serais, tout au long de mes songes,
Astreint à des délires et à tant de mensonges,
Je serais comme ce sage
Surchargé de dictons et d'adages,

Et qui écrivait en marge des souffrances et des ravages :

Quelle immense différence
De nature et de degré entre la lettre et l'existence !
Qu'il déchoie et qu'il meure, l'être
Et qu'elle vive et s'éternise, la lettre.

MAIS UN ZEUS TU ES
OU TOUT COMME

Suis-moi :
Tu verras dans mon pays profond
Et par le biais de mes tensions
Mon peuple anciennement amoureux et fervent
Remonter vers sa nodale propension
Et le champ idéal
Tant de marches d'argile et de paille,
Sinueuses et de rudes dimensions.

Suis-moi :
Tu me verras refouler au fond de ma gorge meurtrie
Une cendre andalouse et des phases mal parties,
Et tenir quelques propos fondateurs
Et des têtes en otage.

Pèlerin obscur ou prophète fugitif :
Tu es des nôtres si seulement tu vas apprendre
Qu'au cœur de mon peuple toute cicatrice
Est la trace d'un profond désir pris à revers ou tué vif.

Faut-il que je jure ?
Mon peuple, je le vois encore transporter nuitamment ses morts,
Sculpter les épitaphes par le poignard et l'orgueilleuse douleur.
Suis-moi :
Tu le verras défendre les étoiles contre tout avocat de la peur,
Ou visionnaire imposteur,
Et annoncer l'Homme qui naît des exils et des derniers réduits.
Et à l'heure assaisonnée d'aubes et de choses merveilleuse,
Quand mes paupières franchirent la dernière brume,
La terre m'ordonna de construire, à l'image des veines de mon être,
Un discours porteur de promesses aux régions non encore libérées,
Un discours construit aux marges des anciennes écritures
Et des profonds manuscrits.
Mais si d'aventure, déjà il y est
Je recommencerai mes combats et mes fêtes
Pour mûrir davantage aux hauts-faits,
Et comme il faut je rêverai.

Si tu me connaissais,
Et que ton crépuscule finissait,
Tu aurais discerné
Ma présence de ma mort et tendu la joue
Aux pauvres de tous bords.
Mais un Zeus tu es ou tout comme

Aux dieux qui se pétrifient avant de dépérir tu retourneras…
Et les longues phases de nos tourments
T'effaceront au suprême moment
Où nous vaincrons les punaises et les rats, les corbeaux et les sauterelles
Qui ont souvent dévasté nos champs nourriciers et nos céréales,
Et jeté nos contrées dans le deuil.
Mon frère le paysan sait
Que je n'ai encore que mon refus et ma propre taille
A placer en épouvantail.

Et je demeure là entre les décombres,
Attendant patiemment et remembrant mon être éclaté.
Ces lieux, où bruyamment
Dégénèrent la brousse et les choses, ne sont pas pour t'héberger.
Et quand bien même tu te lasses,
Sache que tant de barres de cuivre par le soleil forgé
Ne doivent pas t'abroger ou rouiller ta pensée.

J'allais m'évaporer dans la pénurie et l'atroce néant,
Lorsque les saisons vigilantes me reprirent,
Pour m'inciter à ouvrir mes membres
A la rosée dans la fierté du résistant,
Aux bonnes nouvelles de l'endurance mûre,
Puis pour que ma chute dernière
S'érige en fente propageant pour mes semblables quelques lumières
Ou en indice pour le passant en quête de sa terre.

Mon frère le poète sait que la vérité de l'océan
Est la tempête.
Et je m'en remets avec lui aux cérémonies du commencement.
J'ai rédigé mon testament dans l'oasis de mes fièvres et désirs.
J'ai sans doute dit que je suis une guérilla sans cesse renaissante,
Que je conçois les visions à volonté.
J'ai dit aussi que le rêve est l'engrais de l'existence…

Si du temps me m'était imparti, j'aurai raconté, au fil
de terribles détails l'épisode des officiers de l'armée défaite
Qui se baignèrent dans l'eau de secours des derniers guerriers.
Suis-moi :
Tu verras enfin de parcours le peuple s'impliquer dans la Résurrection
de l'homme libéré des servitudes et du mal être, occupant esplanades,
places et artères, légiférant et refondant ses assises, ses chantiers
et ses énergies.

TROIS TEXTES
POUR FINIR ENCORE

DES FOUS ET LA MER

~1~

Vadrouillant dans les méandres de mes torpeurs,
Je crois que tout était calme, champêtre.
Un peu plus loin, c'était l'océan …
En m'approchant de l'océan,
Je vis des navires guidés par des astres fondus et des vents.
Je vis des prostituées marines, colonnes lumineuses,
Et des amants, flammes opiniâtres.
Je vis d'autres choses encore …
Et sur le cadavre d'un chien vomi par la mer,
Je lis les instructions de la nuit et du destin.
Puis l'azur s'écroula,
Et des tonnerres s'en prirent à la terre.
Puis des averses mêlées de sangsues et de chauves-souris putrides
Tombèrent des baies célestes, torrentiellement.
Je vis les noyés s'agripper aux pieds des survivants
Et s'enfoncer avec eux vers la mort qui les attend.
En ce moment, je campais sur une dune,

Entre un cimetière en fête et une taverne en ruines.
Des enfants me lapidaient
Et la pierre m'ensanglantait me mortifiait.
Et je pleurais à force de guetter vainement le tortionnaire de mes frères et sœurs
Et mon beau-père le pèlerin qui à coups de bâton paralysa ma mère.
Je pleurais et je provoquais en duel

La soldatesque et les clercs,
Les corrupteurs de cette terre.

Je suis la preuve la plus décisive et l'argument sonore
Contre la vie que nous menons.

Avec le sable qui reçoit ma sueur je fraternise,
Et je forme un front contre les durées moroses,
Contre les zones mornes des torpeurs.
En quête d'ascèse et de clarté,
Je m'interdis de manger ou de parler avec les terriens.
J'entre en grève contre tout commerce.
Ainsi, peut-être, la femme de mon flanc gauche surgira-t-elle,
Pure épouse,
Cascade de vie folle et de roses,
Corps nodal,
Comme le don bénéfique et l'essence boréale.
Peut-être que sa robe bleue de mariée
Me viendra-t-elle, par la rafale transparente,
Ou au cœur bleu de la grande vague errante.

Je suis la preuve la plus fine et l'argument sonore
Contre le temps que nous vivons.

Invitation

Au lendemain de ma mort, les paysans pauvres et les artisans en faillite animeront un colloque autour de mon cadavre – l'argument. Vous qui tournez avec vos cris de colère et d'indignation contre l'époque, vous y êtes aimablement invités. Sachez aussi que la séance de clôture dudit colloque prendra la forme d'une manifestation grandiose devant les institutions de l'iniquité et de l'oppression.

Mon salut fraternel à vous.

-2-

Et au commencement était la violence.

Il s'ensuit que devant les colombes et les guirlandes, la Paix en berne et moi-même, nous racontons notre défaite amère. Si amère que dans la nature une symphonie virile, concrète et spéculative dit que la fin est une cendre distribuée dans des récipients de marbre en forme de seins troublants et mortels. Se trace alors une courbe pour l'eau et la terre et pour tant d'autres éléments. Se trace la courbe du battement de cœur et de l'expiration. Ainsi, en bref, se trame l'histoire des vies racontées par moi-même, un fou, debout sur un rocher près de la mer, la pensée mouillée au soleil et le sexe au vent.

-3-

Du temps où j'étais enfant, je crois avoir revendiqué pour ma spiritualité charnelle un père hors-pair. Un père apte à m'inoculer le culte de l'équité et de la révolte indignée contre cette vie qui n'en pas une. A m'inoculer aussi le pouvoir d'étouffer dans l'œuf mes soucis et mes craintes et à empale mes ressentiments et mes chagrins. Un père capable de m'enseigner comment brûler les embûches, fussent-elles en dur et adorer la mer et y uriner.

-4-

En ces temps d'extrêmes tumultes,
Majorer donc le silence
Auprès des champs et des mers sublimes
Et pourtant sans audience,
Laisser sur chaque chose aimable
La teneur du baiser inaugural ou ultime.

-5-

C'est ainsi qu'offrant mon visage aux vagues maritimes et mon corps aux demeures féminines et à d'autres stations bénies, je devins familier de toutes les montures et de tant de réseaux intimes.

-6-

On me prit pour un fou, moi qui annonçai aux rares proches encore en vie : Dès ce jour à minuit tapante, j'adopterai un régime alimentaire insolite, à nul autre pareil. Ni draconien, ni végétarien, mais fait presque de rien.

On me prit pour plus fou encore lorsqu'ils me virent me couper non pas mes cheveux ou mon petit doigt, mais du monde.

Et coupé du monde, les quelques personnes que j'étais contraint de rencontrer me prirent pour un derviche patenté, le top inégalé, lorsqu'ils m'entendirent soutenir que je réalisais tous mes rêves et élans amoureux, mes désirs et phantasmes... sur du papier.

-7-

Finalement, mon corps, d'une valeur archéologique, fut découvert sur des rochers abrupts, près d'un cimetière marin, entre une flûte gémissante et un sein saignant d'une fruste nymphomane, mais prêt encore à rebondir et à émettre un courant des plus saisissants.

SI LA GRANDE MUTATION

Si la grande Mutation ne s'opère,
La pire des pestes s'en prendra à mon corps frère,
A ton corps,
Aux corps de tous les prolétaires
Qui naissent au champ du travail et y meurent.

La pire des pestes, l'amoureuse des pauvres,
Quelle écriture pourrait en rendre compte
Et nous en rendre compte ?

Et n'ayant nul abri en campagne ou habitation de plaisance
Tu tourneras en rond, comme moi, comme eux,
Cherchant vainement à t'échapper.
Il y a le large, bien sûr,
Mais un frère, c'est de l'aimant.
Tes frères te retiendront donc à eux,
Et à leur propos fameux.
Il n'y a de salut que collectif.
Et sache que tout sauf-conduit est illusoire.
Tout sauf-conduit ramène à la peste,
Joint ta base à ton sommet dans le gisement.
Et tu chancelleras,
Et tu paierais de ta vie le rééquilibrage
de la pénurie et de l'oppression,
Si la grande Mutation ne s'opère

En toi, en moi, en nous, frère.
Perpétuelle menace sur nos corps,
Elle (la pire des pestes) sera si ravageuse
Qu'il faudra pour en témoigner un œil surhumain.

Et ton cri, et notre cri, nous, populations infectées, sera long, si long et tragique qu'il n'aura d'écho que chez des peuplades lointaines dont l'écoute n'est pas encore souillée par les mœurs présentes.

*

Elle s'appelait Az-zahra.

Elle était ton amour et mon azur,

Notre nuage vert en somme.
Et maintenant que la peste l'a enterrée,
Nous la retenons de mémoire,
Comme signe de notre plénitude manquée
Et nous perdrons d'autres, de nouvelles filles du bon vent,
Si nous n'en prenons pas soin.
Ainsi devrai-je, tout comme toi, frère,
Garder un œil sur elles et un autre sur la menace qui sera imminente,
Si mon tonus et ta teneur s'effondrent,
Si la grande Mutation ne s'opère.
"El deber de todo revolutionario", en ce cas d'espèce,
est de se tenir debout en éveil
Là où les générations décadentes sommeillent.
Je ne suis ni charognard,
Ni prédicateur de champs de ruines.
Mais mes nouvelles qui viennent du fond de la nuit pour informer le jour,
Mes nouvelles assorties de flammes fines

Ont pour source sûre mes agences intérieures,
Mes antennes sensibles
Et mon œil.
Ton œil hypertrophié frère.
Ton œil exorbitant, dehors-dedans,
Ton œil, aride ou larmoyant,
Il détient le meilleur chiffre, l'éclatante parole.
Il témoigne et te signe…
L'essentiel n'est pas que tu remportes des victoires sur les pierres.
Ni que tu te saisisses de quelques forces passagères.
L'essentiel c'est que tu saches pour qui tu mets en état de culture les marécages.
Si c'est pour tes frères, vas-y et opère.
Si c'est pour les autres, non.
Ton frère ?
Tu le reconnaîtras à sa plaie,
Visible ou cachée.
S'il est fou, enlace-le davantage.
Car il est celui qui a rompu avec la peur
Et s'est barricadé dans des périmètres interdis
Et a tout dit,
En disant l'alphabet vital et la clarté.
Quant aux autres, tes ennemis de classe, frère :
Ce sont ceux qui investissent ton for intérieur, ton sang et ta chair,
Ceux qui te poursuivent jusqu'au fond de ta détresse
Et te torturent même en temps de trêve,
Ceux qui t'immatriculent, te fichent,
Mènent la razzia dans ton enceinte
Et te rendent familier à la mort,

En étouffant ton espérance de vie.

Tu crèves donc, homme, sans même pouvoir crier.

T'annonçant le temps qu'il fait, je dirai :

Ni coupes de vie, ni simulacres purs,

Mais mers de mainmorte et terres volées,

Mais âmes en peine et corps fatigués,

Et nulle part où aller. Nulle part où aller…

Alors aménage tes assises et décrète l'état d'alerte.

Taille ta vigilance dans la hauteur du feu fertile,

Et renais au fins les meilleures ;

Il est question de ton être en péril

Et de la peau de tes frères…

TESTAMENT

Me barricadant dans mes périmètres intérieurs,
Je contractai une fixité sans faille,
Présentifiai mon âme
Et me réunis avec la pensée.
Vous, paysans et ouvriers d'hier et d'aujourd'hui !
Si mes pérégrinations et mes longs chagrins
S'enlisent et n'enfantent rien,
Si mon arbre n'apporte pas son fruit,
Tâchez d'honnir mes dires
Et de me proscrire.
Et le jour de ma mort,
Mon corps,
Que vous n'aurez lavé ni encensé,
Remettez-le aux bêtes féroces qui vous entourent.

Face au coronavirus ne pas choir

*

BREFS PROPOS SUR LE CONFINEMENT

*

Chers confinés (femmes et hommes),

Durant mes jours de confinement *('uzla, khulwa*), je m'offre café et fruits confits et autres douceurs, et ce avant de m'attaquer à la lecture curative et féconde, et à l'écriture comme thérapie et pour ne pas perdre la main.

Nous aurions, me semble-il, la vie sauve si notre confinement nous incitait à pratiquer la double culture, physique et mentale. C'est à cela que je m'attelle, autant que je peux, pour ne pas trop me focaliser sur l'infâme et massivement meurtrière Coronavirus covid-19, et c'est ce dont je témoigne.

Puissent mes propos, ci-dessous consignés, contribuer, un tant soit peu, à affronter cette terrible épreuve pandémique, sachant bien que l'humanité en a connu d'autres de par le passé, avec en moins les progrès de la médecine et de la pharmacopée qui sont les nôtres. Et donc disons avec Hölderlin : « Là où croît le péril, croît aussi ce qui sauve ».

Ce qui me sauve ou plutôt me remet à flot, m'incitant à avoir le goût des autres et à fraterniser avec les survivants, c'est de me retrouver en état d'ascèse avec mes symphonies de toujours : Carmen, Carmina Bourana, La traviata, Hymne à la joie et les muwachahâts, et bien d'autres merveilles qui m'enchantent et font vagues douces et sérénisantes dans mon âme et mes sens. Alors, ma femme la grecque confinée et moi-même nous dansons un slow attendrissant, suivi d'une danse aux rythmes du syrtaki, puis je lui raconte des blagues drolatiques qui nous font, malgré tout, pouffer de rire.

D'autre part, me confiner ne rime en rien avec esseulement ou retraite décadente et maussade, mais avec retour à mes repères lumineux et éparses qui sont, en supplément à la musique, les sublimes poèmes que je déclame de mémoire à ma femme en cinq langues diverses, mais n'ayant cependant qu'une seule déesse : l'immaculée Beauté et un seul *mihrâb,* lequel n'est ni oriental ni occidental, mais les deux à la fois, harmonieusement combinés et se partageant les mêmes rayons solaires et les mêmes clairières.

De même, mon confinement m'octroie généreusement une belle opportunité pour revisiter *La Peste* d'Albert Camus, *L'amour au temps du Choléra* de Gabriel Garcia Marquez, *Le régime du solitaire* (*Tadbir al mutawahid*) d'Ibn Baja et certaines biographies, comme celle de Tchaïkovski, mort du choléra, celle du sultan saadien Ahmed Addahbi, mort de la peste, sans oublier Ibn Khaldûn dont parents et maîtres ont péri de la peste noire du milieu du XIVe siècle, peste à laquelle j'ai consacré des pages dans mon *Le roman d' Ibn Khaldûn*, etc.

Man khalâ wa lam yajid, famâ khalâ, disait le grand Cheikh Ibn Arabi. J'espère que ce n'est pas mon cas. Car m'étant pris en aparté, confinement oblige, j'ai trouvé et retrouvé moult choses que j'ai tenu à vous faire partager aimablement.

Enfin, est-il preuve de prévenance et de délicatesse plus pure que celle fournie par l'empereur stoïcien Marc-Aurèle, au seuil même de ses *Pensées pour moi-même*. Car sur le terrain mouvant du libre-arbitre humain, ne voulant importuner ni gêner personne, il laissa toute latitude aux lecteurs de le suivre dans ses méditations (rédigées entre deux batailles) ou de lui tirer leur révérence quand bon leur semble.

Pouvoir et sagesse ont rarement fait bon ménage. A cette règle quelques exceptions au sommet desquelles figure notre empereur-philosophe, qui mourut emporté par la peste au cœur de son empire Rome, sans laisser d'héritiers dignes de perpétuer ses précieux apports !

Quant à moi, je tire, à mes heures pénibles, une leçon bénéfique de l'une de ses stoïques pensées qui invite à contempler les astres comme si avec eux on tournait. Et cela voudrait dire muter, changer cap et boussole et paradigmes aussi, et pourquoi pas nous délester, en la matière, de notre confinement subi pour renaître à un autre choisi, intelligent, flexible, altruiste et aspirant passionnément à la vraie vie et à la souveraine santé… « Ce qui ne nous tue pas nous rend forts », disait Nietzsche. » Peut-être. Amen !

Les dix commandements à l'aune du coronavirus

Dans la Thora, il ne s'agit que de dix paroles (décalogues) dites par Dieu à Moïse sur le mont Sinaï. L'Evangile en a fait des commandements qu'on ne peut accueillir présentement que par des « Amen » et des « Allelujah ». Jugez-en vous-même (mais sans sarcasme) selon un seul exemple, le dixième commandement : « Tu ne convoiteras pas la maison de ton prochain, tu ne convoiteras pas la femme de ton prochain ni son serviteur, ni sa servante, ni son bœuf, ni son âne, rien de ce qui lui appartient. »

Quant aux dix commandements présentés ci-dessus, ils ne sont en aucun cas une parodie des premiers ni une version *new look,* car ils puisent leur source référencielle dans ce phénomène total (au sens de Marcel Mauss) qui a dévasté le monde entier et mis à nu les failles de ses politiques socio-économique et sanitaire ainsi que les dérives d'une globalisation dérégulée, anti-sociale et à visage inhumain. Ce phénomène est la pandémie baptisée « Le coronavirus covid 19. »

Lesdits nouveaux commandements observez-les strictement, sinon la mort humiliante vous fauchera à tout moment. A bon lecteur salut s'il apprend à vivre avec le virus qui, disent les sachants, en a encore pour longtemps, sous des formes multiples et variées : nouveaux foyers et épicentres, rebonds et une probable nouvelle vague, autrement dit le virus est donc toujours ici et là en embuscade !

-1-

Sont bannis proximité, promiscuité, salamaleks, bises, câlins, étreintes, embrassades, empoignades, bains de foule et hammams… En somme, votre chaleur méditerranéenne laissez-la tomber à l'eau profonde ou mugissante. Et donc distancez-vous, dispersez-vous.

-2-

Taisez-vous autant que faire ce peut, sinon de vos bouches salivées jaillira le funeste virus infectant, à charge pour les infectés de le transmettre à d'autres qui, à leur tour, le relayeront en vertu d'une implacable chaîne exponentielle et mortifère. Et même vos visages, hermétiquement voilés, ne les touchez plus, comme si de vous ils ne font plus partie.

-3-

Votre prochain, éloignez-vous de lui autant que vous pouvez, contrairement à ce que vous ordonnent les livres saints. Car -reconnaissons le - chacun est devenu pour l'autre à l'aune du coronavirus une bombe anti-personnelle ou à retardement.

-4-

Dans votre confinement, avec l'ennui, la monotonie et la langueur, devenez téléphages, moulins à prières et ayez l'esprit de finesse et le caractère bien trempé dans la résilience, sinon démerdez-vous autrement. Par exemple, le silence assourdissant autour de vous pulvérisez-le par une musique plus assourdissante, celle de la techno ; ou si vous êtes un peu spirituel, cherchez la nirvana chez les indous ou l'ataraxie chez les grecs, ou bien alors faites dans la *hadra* soufi, c'est-à dire la dance extatique jusqu'à l'évanouissement pour ne revenir à la conscience que par l'eau de rose sur vos faces aspergée et puis tomber ainsi amoureux de Dieu l'Unique, Créateur des êtres, de la terre et des cieux.

-5-

Si un individu vous cherche noise, ou veut-vous gifler sur l'une ou l'autre joue, barrez-vous à toute allure sans vous retourner. Et s'il s'engage vers vous dans une course poursuite, appelez au secours ou cherchez protection auprès de quelques témoins ou agents de sécurité.

-6-

Ne faites ni l'amour illicite ni la guerre. Car des deux vous ne sortirez point sains et saufs, vu l'intensité des corps-à-corps et des collisions et frottements.

-7-

Gare à vous ! les escapades amoureuses ne les commettez plus. Car elles sont péchées de la chair et porteuses de l'infâme virus. Donc abstinence, abstinence ! C'est le maître-mot et votre seule et unique issue. Mais en cas d'urgence libidinale, rabattez-vous sur vos femmes légales et ne les battez point sous quelque prétexte que ce soit, autrement c'est le confinement carcéral qui vous attend.

-8-

Si par autorisation réglementaire, vous quittez votre pré carré, faites barrière sanitaire de vous mêmes et tout autour de vous. En un mot, barrièrez-vous.

-9-

Vous les musulmans, faites vos ablutions correctement, mais sans oublier de vous laver les mains au gel alcoolique cinq fois par jour ou plus. Nécessité oblige.

-10-

Quant au port du si mal nommé, le masque, faites comme les musulmans qui n'ont aucune peine à s'en accommoder, puisqu'ils sont les descendants de peuples sahariens, tels les Touareghs et leurs lointains coreligionnaires les Almoravides dont le nom premier est les Moulathamoun, les Voilés (nous y voilà) et qui tous se protégeaient ainsi de la chaleur torride et des tempêtes de sable. Force donc est de reconnaître qu'ils ont pris sur nous, les Occidentaux, une immense longueur d'avance, dont on peut dire qu'elle est inattrapable, même si on comptabilise, parmi nous, les porteurs de casques intégraux.

*

Enfin, c'est à hurler de rage en demandant : c'est pour quand le vrai déconfinement et le vrai vaccin et plus encore la fin du cauchemar du si mal couronné, le coronavirus. Les séquelles à vie sont fort probables, et comment ne le seront-elles pas alors que les survivants auront beaucoup à faire pour qu'ils se libèrent de leur état d'effrayés, d'hallucinés et de crucifiés vifs ? Etat qu'ils ont vécu dans leur chair et leur être. La grande Catharsis (Kawthar dit le Coran) sera bel et bien à l'ordre des jours et de l'indispensable travail sur soi pour réémerger et renaître à la vie qui mérite d'être vécue et qui contre la pollution des cœurs et des esprits et contre la mal-vie fait sens et bon accueil aux valeurs et vertus qui, élevant vers le haut, convergent et purifient.

Brève variation sur le même thème

Sous un saule pleureur d'un feuillage exubérant, un flic, vers le couché du soleil, prend un jeune couple en flagrant délit de flirt poussé. Il leur demande papiers d'identité qu'ils n'ont pas sur eux. Refusant de le suivre au poste de police pour répondre de leur double délit et du non-respect du confinement et du port du voile, il leur dit sur un ton solennel qu'ils sont nés sous une belle étoile puisque tombés sur un flic super gentil et compréhensif, et qu'il en a marre de faire des PV d'infraction à longueur de journée ; mais il pose comme condition pour les libérer de lui raconter quelques blagues salaces, car il n'y a qu'elles qui le font rire et broyer un peu du rose. Réajustant sa distance réglementaire, il leur fait signe de commencer. Alors le jeune homme se met à l'ouvrage, mais à chaque blague son entendeur reste de marbre en s'exclamant « pas assez salace, pas assez ! » A un ultime essai, le blagueur avertit qu'il va raconter un truc qui relève plutôt de son propre vécu.

Pas plus qu'hier, cher agent, il m'est arrivé de voir en plein sommeil mon phallus se métamorphoser en serpent à sonnette qui a rampé depuis ma chambre pour aller se lover dans le giron de la belle voisine d'en face. Soudain, je vois surgir un poids lourd en passe de traverser la rue, alors, effrayé, je tire vers moi mon reptile et me réveille en sursaut constatant que je me masturbais en vrai…

Le flic se met à pouffer de rire en vociférant à maintes reprises et levant son pouce « I like ». Des badauds se mettent à lui emboiter la voix et le geste et ne s'engage à les disperser qu'après avoir remercié le conteur et promis qu'il se souviendra de lui à ses moments tristes, puis il demande à la fille pourquoi elle ne souffle mot, à quoi elle répond sèchement qu'elle est une personne pieuse et pudique et qu'elle tolère les excès de son fiancé par amour. Elle pousse celui-ci devant elle et revendique le départ. Le flic décrète que ce ne sera possible que si le fiancé lui promet de le rencontrer au poste Bablhad demain à onze heures du matin pour qu'il lui raconte d'autres blagues salaces en présence de quelques collègues choisis qui en ont grandement besoin. Alors le sollicité donne son accord de principe froidement et annonce que les prochaines blagues seront autour de ses deux dernières créations : orgasmer en self service et comment faire l'amour à distance ? Le flic, très ravi et affable se met à crier son impatience à savoir comment faire l'amour à distance, puis à gorge déployée il rit et scande « *la hayaa fi addine* ». Enfin il les prie de partir car il a à faire. Les deux jeunes légèrement séparés remettent leur voile, prennent le chemin du retour, chacun vers sa demeure familiale. La fille s'assure que le rendez-vous pris c'est de la foutaise, chose que confirme son mec. Elle lui fait remarquer qu'elle n'est sa fiancée que lorsqu'il est coincé. Il lui promet pour la énième fois qu'il demandera sa main dès que le coronavirus sera vaincu par KO. Et c'est pour quand ? dit-elle. Donne-moi une fourchette. Il répond un peu agacé : c'est lorsque je ferai avec tout le monde le V de la victoire. Alors elle s'est mise à chantonner : *ghada nasqueke al kamoun, ghadda nasqueke,* et lui de faire un pasodoble qu'il a appris lors d'un séjour andalou.

Table des matières

Une théologia moderna

Trois textes pour finir encore

Du même auteur :

En français

* ***Au pays de nos crises*, Casablanca, 1997.**

* ***Ijtihâd, la face voilée de l'Islam*, rééd. Marsam, Rabat 2006.**

* ***Ibn Khaldûn, un philosophe de l'histoire*, rééd. Rabat 2006.**

* ***Être en vie ! et autres fragments*, Eddif-Non-Lieu, Casablanca Paris, 2010.**

******Le Calife de l'Epouvante***, Le Serpent à Plumes, Paris, 1999, Nouvelle éd. Séguier – La Croisée des Chemins, Paris Casablanca, 2010**

* ***Le roman d'Ibn Khaldûn*, éd. La Croisée des Chemins, Casablanca, 2017.**

******Ma Tortionnaire,*** **éd. Erich Bonnier,** Paris,**2017**

En Arabe

* ***Le manuscrit des choses à dire*, Casablanca 1982.**

* ***Les épreuves de Zîn~Shâma*, Beyrouth, 1983**

* ***Critique du recours à Marx*, Beyrout 1983.**

* ***Les révoltes saisonnières*, Rabat 1983.**

* ***Le Livre des fêlures et des sagesses*, Beyrouth, 1988.**

* ***Le fou du pouvoir* (Prix de la critique du roman), Londres, 1990.**

* ***Le divan des tremblements*, Beyrouth, 1995**

* ***Les courtiers des mirages*, Beyrouth, 1995.**

* ***Demeures poétiques et autres*, Beyrouth, 1996.**

* ***Le savantissime*, (Prix Grand Atlas, Prix Najib Mahfouz), Beyrouth, 1997 ; nouvelle éd., Beyrouth, 2010**

* ***Entretiens philosophiques*, Beyrouth, 1998.**

* ***Le khaldûnisme au miroir de la philosophie de l'histoire*, Beyrouth, 1998.**

* ***Les lecteurs d'Ibn Khaldûn*, Beyrouth, 1999.**

* ***Les têtes et les femmes*, Beyrouth, 2000.**

* ***La connaissance de l'autre*, Rabat, 200 l.**

* ***L'Existence et le Sens, Centre Culturel arabe*, Beyrouth, 2003.**

* ***Moi la païenne*, Beyrouth, 2003.**

* ***Le fouilleur des bas-fonds, Beyrouth*, 2004.**

* ***Cet Andalou !* Beyrouth, 2007.**

* ***Les arabes et l'Islam au miroir de l'orientalisme*, Le Caire, 2009.**

* ***Ma tortionnaire*, Le Caire, 2009.**

* ***Transgressions*, Le Caire, 2010.**

Philosophe et romancier marocain, Bensalem HIMMICH (ex-ministre de la culture) est auteur de nombreux ouvrages (en arabe et en français). Cinq de ses romans sont traduits en plusieurs langues. Prix et distinctions : Prix de la critique arabe (1990), Prix Naguib Mahfouz de l'Université américaine du Caire (2002), Prix Grand Atlas (2003), Prix Sharjah-UNESCO (2003), Diplôme et médaille de la Société Académique Arts-Sciences-Lettres (Paris 2009) pour l'ensemble de son œuvre, Prix Naguib Mahfouz de l'Union des Ecrivains d'Egypte (2009), Prix de l'Académie de Toulouse des Jeux Floraux, 2011. Son roman « Ma Tortionnaire » a été nominé pour le Prix Booker, 2011.

Printed by Books on Demand GmbH, Norderstedt / Germany